AF573499

MÉMOIRE

A

L'ASSEMBLÉE NATIONALE

DE FRANCE.

POUR LES CRÉANCIERS ANGLOIS DES HABITANS DE L'ISLE

1792

DE TABAGO.

MÉMOIRE

A L'ASSEMBLÉE NATIONALE DE FRANCE,

POUR les Anglois créanciers sur hypotheque et à autres titres, des habitans et colons de Tabago.

> Si en France le gouvernement avoit trop empiété sur les droits des citoyens, il les avoit violés dans les colonies d'une manière monstrueuse.
>
> *Lettre de M. de Dillon à ses concitoyens de la Martinique.*

LES Anglois créanciers des colons et habitans de Tabago viennent réclamer les secours de votre justice contre des actes d'oppression que l'administration Françoise a exercé contre eux.

Leurs propriétés, leur réputation, les droits les plus sacrés; tout leur a été enlevé depuis que l'île de Tabago a passé sous la domination Françoise, et cependant on les avoit flattés dans des actes solemnels que le régime de l'île ne seroit point changé et que les loix Angloises sous la garantie desquelles ils avoient contracté, conserveroient une exécution entiere, jusqu'à ce qu'elles aient été remplacées par des loix Françoises.

Les plaintes des exposans, et leurs malheurs se justifient par des faits qu'il faut présenter avant toute discussion.

L'île de Tabago fut conquise en 1781 par les armes de la France.

L'île obtint une capitulation honorable.

Par l'article 4 de cette capitulation, il fut dit : « que les habitans en gé« néral seroient maintenus dans la possession de leurs biens et dans la jouis» sance de tout ce qu'ils possédoient, de quelque nature qu'ils puissent être, « ainsi que dans leurs privileges, droits, honneurs et exemptions ».

Bientôt après il fut question de céder ponr toujours l'île de Tabago à la France.

Les créanciers Anglois sur hypotheque, aussi-tôt qu'ils eurent connoissance des articles préliminaires du traité de paix, envoyerent à Versailles, des commissaires, députés pour supplier sa majesté très-chrétienne, de leur dire à quel point la paix proposée pourroit influer sur le sort de leurs propriétés, et pour demander qu'on maintint dans toute leur étendue, les loix et les institutions sous lesquelles on avoit prété de l'argent ou passé des contrats d'hypotheque.

La réponse de sa majesté fut, on ne peut pas plus consolante pour les créanciers.

La voici :

« Les loix Angloises cesseront d'être observées à l'époque ou PAR UN ÉDIT, » le roi jugera à propos de leur substituer des loix Françoises, mais les en- » gagemens de toute espece qui auront été contractés sous les loix Angloises » seront exécutés conformément auxdites loix dont les nouveaux tribunaux » seront tenus de suivre les dispositions.

Le traité de paix conclu à Versailles, le 3 septembre 1783, consacra ces dispositions bienfaisantes.

L'article 7 porte : « que les habitans de Tabago CONSERVERONT LEURS PROPRIÉTÉS, AUX MÊMES TITRES ET CONDITIONS AUXQUELS ILS LES ONT ACQUISES.

Pour assurer, d'une manière plus solemnelle encore, les droits des créanciers et des propriétaires, Sa Majesté abolit le droit d'Aubaine, par des lettres-patentes données en son conseil.

Le vicomte d'Arrot envoyé, après le traité de paix comme gouverneur à Tabago, fut chargé de la part du roi d'un mémoire d'instruction qui renfermoit les mêmes principes de justice.

Il y étoit dit aussi que tous les actes passés SOUS L'AUTORITÉ DES LOIX ANGLOISES SEROIENT SOUMIS A CES MÊMES LOIX ET QUE QUANT AUX TRIBUNAUX EXISTANS DANS L'ILE, L'INTENTION DE SA MAJESTÉ ETOIT QU'IL NE FUT FAIT AUCUN CHANGEMENT DANS LA FORME ETABLIE SOUS LE GOUVERNEMENT BRITANNIQUE.

Ces instructions officielles furent rendues publiques à Tabago et enregistrées dans les tribunaux de la colonie.

Ainsi la capitulation, la réponse de sa majesté aux commissaires de l'île, les conditions du traité de paix et les ordres donnés par sa Majesté à son gouverneur à Tabago, garantissoient aux créanciers, leurs propriétés entières, et leur offroient pour moyens d'obtenir justice, les tribunaux établis par les loix Angloises, et gouvernés par ces loix.

Mais cette confiance si naturelle, fut bientôt une vaine illusion.

En 1786, il fut nommé de nouveaux administrateurs pour l'île de Tabago.

Le comte de Dilon y fut envoyé comme gouverneur, et le sieur Roume de S. Laurent comme ordonnateur.

Le sieur de S. Laurent avoit fait croire au ministre de la marine, que les créanciers Anglois, prêteurs de fonds aux habitans de Tabago, étoient de vils usuriers qui avoient ruiné l'île et les colons, et qu'en inspectant toutes ces créances, on y trouveroit une réduction très-considérable à faire, d'après les dispositions des loix Angloises, qui prohiboient l'usure sous les peines les plus sévères.

Le motif du sieur de S. Laurent, en dégageant les habitans de Tabago des obligations qu'ils avoient consenties sous la foi des traités, étoit de les amener sans murmure à recevoir les impôts exhorbitans dont il se proposoit de les charger.

Ainsi le sieur de S. Laurent pour faire en apparence le bien de la France, alloit deshonorer sa nation aux yeux de tous les peuples de l'univers.

Il faut dire ici qu'elles étoient ces créances et de quelle manière elles avoient été contractées.

L'île de Tabago avoit été cédée à la Grande-Bretagne par le traité de paix de 1763.

Depuis plus d'un siècle elle n'étoit point habitée, et n'offroit dans sa surface que l'aspect d'une vaste forêt. Le terrein fut divisé en lôts qui furent vendus au profit du gouvernement, à ceux qui jugèrent à propos d'en faire l'acquisition. Les premiers qui s'y transporterent, étoient pour la plûpart des hommes connus et alliés à de riches négocians et autres capitalistes Anglois, qui contribuèrent par des avances à accélérer le défrichement et mettre les terres en valeur.

Ces nouveaux colons hypotéquerent, au payement des sommes empruntées, les propriétés qu'ils venoient d'acquérir.

En Angleterre, les actes qui se passent à l'occasion de ces emprunts se nomment contrats d'hypoteque ou contrat de mort-gage.

En général, l'hypoteque, d'après les loix Angloises, présente les mêmes idées que dans le droit François.

Cependant les effets de l'hypoteque et les contrats ont dans les colonies Angloises une forme, un mode particulier.

Ces contrats d'hypoteque contiennent le transport même de l'immeuble au profit du prêteur.

Par le même acte d'hypoteque, on stipule aussi l'intéret de la somme prêtée.

Pour cette stipulation de l'intéret, les colonies Angloises ont un corps législatif à part, et ce corps législatif a le pouvoir de régler l'intéret de l'argent dans l'étendue de la colonie.

A Tabago, un acte de l'assemblée générale passé et publié, le 6 septembre 1768, fixa le taux de l'intéret à 8 pour cent.

Ce même intéret se paye encore anjourd'hui à S. Christophe, Nieves, Montserat et S. Vincent, colonies Angloises.

Ainsi dans les contrats qui se passoient entre les habitans de Tabago et les capitalistes Anglois le taux ordinaire de l'intéret pouvoit être de 8 pour cent. Néanmoins le plus grand nombre des contrats ne porte l'intérêt que de 5 à 6 pour cent.

Les colons se trouvoient souvent dans l'impossibilité de payer les intérets échus, par la nécessité où ils étoient de faire servir toutes leurs ressources à assurer la prospérité de leurs habitations : dans quelques uns de ces cas, les créanciers, par pure bienveillance, consentoient à convertir les intérêts échus en principal, soit en prêtant l'intérêt aux débiteurs, soit en convenant qne l'intérêt dû seroit considéré comme principal, entre les mains de ces débiteurs.

Quelquefois on passoit un acte qui grevoit l'immeuble d'une nouvelle hypoteque.

Mais ce nouvel acte n'étoit pas même nécesssaire : toute manière de s'obliger au payement, soit par lettres missives, billets, obligations ou autrement, est légalement suffisante pour former un acte distinct, séparé de l'acte d'hypoteque originaire et porter intéret de lui-même, indépendemment de celui résultant du contrat primitif.

Les intérêts d'intérêts considérés comme capitaux sont autorisés de la manière la plus formelle par les loix Angloises.

Ces loix disent toutes que l'intérêt devient principal dés qu'un compte est arrêté, et que les comptes arrêtés portent intérêt, sur-tout en fait de mort-gage.

Il est même dit que l'intérêt est dû pour la balance annuelle d'un compte qui se renouvelle.

C'est sous ces rapports, c'est de cette manière que la plûpart des exposans ont contracté à Tabago.

Cette forme de contract a toujours été et est encore, comme nous venons de dire, celle des autres colonies Angloises.

Lorsque

Lorsque l'Ile a été cedée à la France, il n'existoit aucune contestation entre les Colons et leurs créanciers, pour raison de ces engagemens.

S'il s'en fût élevée, les cours de justice établies dans la colonie avoient toutes un caractere inhérent à leur institution qui leur donnoit le droit légal de les terminer.

Outre ces Tribunaux, ceux d'Angleterre étoient ouverts à toutes reclamations contre un créancier injuste ou de manvaise foi ; on eût jugé et le débiteur et le créancier, selon les loix d'après lesquelles ils avoient contracté.

C'est cette heureuse harmonie, entre le créancier et le débiteur, que sont venues déranger les injustes spéculations du sieur de Saint-Laurent.

Pour faire tomber des créances légitimes, que les tribunaux Anglois auroient respectées, il fit créer une commission (1), par un arrêt du conseil, du 29 juillet 1786, et il fit ordonner que cette commission vérifieroit et réduiroit, s'il y avoit lieu, les créances des étrangers à Tabago, pour fait d'usure.

L'arrêt ne fut pas revêtu de lettres patentes.

Il ordonna que dans huit mois, (2) à compter du jour de sa publication, les créanciers et les débiteurs remettroient au greffe de la commission les originaux ou copies de leurs engagemens ainsi que le compte et autres documens propres à en constater le montant et la nature A PEINE DE 10,000 liv. D'AMENDE ET DE CONFISCATION DE LA SOMME PRETÉE CONTRE LES CRÉANCIERS QUI SEROIENT EN RETARD, DE FAIRE LADITE REMISE DANS LE TERME CI-DESSUS FIXÉ.

Un autre article de l'arrêt ordonna qu'il seroit nommé des experts qui rédigeroient par écrit le rapport de ce qu'ils auroient reconnu d'illicite dans les stipulations ou payemens (3).

L'arrêt ordonna aussi que les contrats qui seroient reconnus usuraires

(1) Vid. Pièces justificatives n°. 1.

(2) Ce terme fixé par l'arrêt de la commission etoit évidemment trop court pour envoyer d'Angleterre à Tabago, une foule de titres de créances. Quand ce délai a été prorogé, les habitans seuls de Tabago ont pu en profiter : les créanciers d'Europe ont bien aussi envoyé leurs titres, mais sous le prétexte qu'il en manquoit quelqu'un, on regardoit la production comme insuffisante : le délai se passoit, et on prononçoit la confiscation.

D'un autre côté, on exigeoit absolument la représentation des titres originaux que quelquefois on avoit ou jettés au feu, ou déchirés, lorsqu'en s'étoit trouvé dans la nécessité d'obtenir à la cour des plaids communs, des sentences contre les débiteurs : ces sentences remplaçoient les actes primitifs, qui, d'après les loix d'Angleterre, devenoient dés-lors inutiles : *vide* Pieces justificatives. N°. 3

(3) Ces experts, qui n'étoient que des commis de négocians, n'avoient nulle connoissance des loix Angloises : l'influence du sieur de Saint-Laurent faisoit tout.

n'auroient de valeur que pour les sommes qui auroient été véritablement prêtées sans que le créancier puisse exiger ni retenir aucune espèce d'intérêt, à compter de l'origine de ces contrats.

Le gouverneur et l'ordonnateur étoient les présidens de cette commission; trois autres juges de leur choix la composoient avec eux.

Ces nouveaux magistrats exécuterent cet arrêt de mort, avec une sévérité dont le pouvoir le plus arbitraire n'a jamais donné d'exemple.

Au lieu de se conformer dans l'exécution de leurs mandats AUX LOIX ET AUX USAGES ANGLOIS, ainsi que le prescrivoit l'arrêt de la commission qui étoit cependant lui-même un attentat à ces mêmes loix, ils se sont créé arbitrairement des principes et des regles, et, par des opérations, des calculs, des raisonnemens aussi inconcevables qu'erronés, ils ont réduits ou confisqué les créances les mieux établies.

Par-tout, les commissaires et les deux experts qu'ils ont nommés pour faire la vérification des créances, ont vû l'usure et la fraude de la part des créanciers.
Sans égard pour la loi observée à Tabago, relativement à la fixation de l'intérêt à 8 pour cent; il leur a plû d'apeller cet intérêt usuraire.
Sans égard pour l'usage légal, observé en Angleterre, de constituer les intérêts comme un principal, également productif d'intérêts sur les comptes, ils ont déclaré ces intérêts d'intérêts usuraires.

Sans égard pour les comptes faits et réglés à la satisfaction commune des intéressés, ils ont porté dans ces comptes un œil indiscret. Ils ont cherché et suivi la trace des opérations qui les avoient précédés : ils en ont scruté les motifs, examiné les raisons et les calculs; ils ont également exigé la représentation des titres de ces créances qui avoient été laissées comme douaires, ou qui se trouvoient données par contrat de mariage, et usant d'une sévérité, qui non-seulement excédoit les bornes de leur pouvoir, mais que ne demandoient pas des débiteurs majeurs et de bonne foi, ils ont détruit et renversé une foule de conventions faites à l'abri des loix sous l'empire desquelles vivoient les parties.

L'arrêt d'établissement de la commission avoit dit qu'il n'y aurait de frais que ceux D'EXPERTAGE, lesquels seroient taxés modérément; et ces frais D'EXPERTAGE joints à ceux du greffe, d'interprétes et à d'autres dépenses exigées par l'envoi des comptes d'Angleterre et d'une foule d'autres preuves, se sont portés à plus d'un million tournois.

Les délais fixés ont été des délais irréfragables, et lorsque le terme en est arrivé, les commissaires ont purement et simplement déclarés les créances confisquées, et cette confiscation dure encore.
Un pouvoir aussi inhumainement exercé ne parut pas encore suffisant aux gouverneur et ordonnateur de l'isle.

Pour donner une carriere plus ample à leur despotisme, et se livrer sans retenue à l'impulsion de leurs caprices, ils ont supprimé les tribunaux qui existoient dans l'Isle, et dont Sa Majesté avoit ordonné la conservation.

Ainsi s'est trouvée abolie la cour des plaids communs, tribunal naturel de la Colonie.

On les a vu aussi se servir d'une cour qu'ils appelloient tribunal de gouvernement :

C'est dans ce tribunal qui s'est élevé sans Lettres-patentes et sans aucune autorité légale, ainsi que le sieur de Saint-Laurent a eu l'indiscrétion de le reconnoître lui-même, que des juges, qui ignoroient jusques aux premieres notions des loix angloises, se sont permis de prononcer sur les droits et la propriété des habitans et de leurs créanciers, et de confisquer leurs terres, sans prendre seulement la précaution de donner connoissance de cette étrange procédure, aux habitans absens de l'Isle (*).

Ils ont été plus loin : on les a vu rendre des jugemens dans des affaires qui intéressoient la propriété, sur la demande d'une seule des parties, et sans que l'autre fut présente ni appellée.

Les mêmes administrateurs sont parvenus à se procurer un prétendu acte de législation, passé contre toutes les formes de la législation collloniale angloise pour se faire nommer avec un membre du conseil, juges de la cour de chancellerie, quoique Sa Majeste eut ordonné par ses instructions à son gouverneur, que le nombre des conseillers de cette cour demeurerait conservé à sept, suivant l'ancien régime.

Les exposans ont porté leurs plaintes contre tant de vexations devant les ministres du Roi de France ; une foule de mémoires leur ont été présentés : dans tous, les exposans ont réclamé contre la création de ces tribunaux factices qui, en faisant taire lesl oix que les tribunaux ordinaires exécutoient, leur ont enlevé des propriétés précieuses, garanties par ces loix.

Jamais leurs tentatives n'ont obtenu de succès; la commission a toujours paru aux ministres un tribunal regulier : on l'a dit ; on l'a écrit aux ministres de sa majesté Britannique et au député que les exposans ont eu long-temps en France, et qui y est encore aujourd'hui, pour réclamer auprés de vous, messieurs, la justice qu'ils ont droit d'attendre des représentans d'une grande nation.

Le ministre a écrit et a dit, que si la commission de Tabago avoit mal jugé, il falloit attaquer les jugemens que l'on croyoit injustement rendus, et en porter l'appel au conseil des dépêches qui avoit été institué pour casser les jugemens qui se trouveroient dans le cas de la réformation, c'est-à-dire, que le ministre demandoit que l'on attaqua plus de deux cens juge-

(*) On se contentoit de sommer un prétendu fondé de procuration des absens, de répondre pour eux dans huitaine, quoique ce fondé de procuration qui avoit eu un mandat pour un seul objet n'eut pas de caractere pour se présenter en justice et y stipuler des droits qu'il ne connoissoit pas et qu'on ne lui avoit point donné pouvoir de défendre.

mens, prononcés par cette commission, et par le tribunal du gouvernement, puisque tous partent du même principe, contiennent les mêmes erreurs, les mêmes infractions aux loix Angloises que l'on avoit cependant dit que l'on respecteroit, c'est-à-dire, qu'il falloit que les exposans, à moitié ruinés par la perte de leurs créances et par les dépenses énormes que cette commission a entraînées s'exposassent à une ruine entiere, en venant individuellement soutenir à grands frais, autant de procès qu'il y avoit eu de parties condamnées.

Dans cet état de choses, les espérances des exposans viennent se reposer dans la justice de l'assemblée nationale, qui seule compétente aujourd'hui, pour juger leurs réclamations, peut seule aussi tarir las ource de leurs maux.

Les exposans ont développé, avec étendue, dans les différens mémoires qu'ils ont remis aux ministres François, les moyens multipliés qui doivent entraîner la destruction de ces tribunaux du despotisme.

Ces mémoires (1) seront remis à l'assemblée nationale.

Les exposans se contenteront d'en présenter l'analyse dans cette adresse qui doit au moins offrir le tableau de leurs malheurs et des moyens qui devoient les en préserver.

L'établissement de la commission est contraire à tous les actes publics d'après lesquels l'île de Tabago a été conservée à la France.

Les exposans l'ont déja dit, la capitulation signée après la prise de l'île, contenoit l'engagement de conserver aux habitans LEURS PROPRIÉTÉS ET LEURS LOIX.

Le même engagement avoit été pris par sa majesté, au mois de juin 1783, lorsque les députés de l'île vinrent en France : il avoit été renouvellé à la face des nations, dans le traité définitif de paix, et sa majesté y avoit donné l'exécution la plus illimitée par les ordres dont elle avoit chargé le vicomte d'Arrot, son premier gouverneur à Tabago.

Partout il étoit dit que les habitans CONSERVEROIENT LEURS PROPRIÉTÉS AUX MÊMES TITRES ET CONDITIONS AUXQUELS ILS LES AVOIENT ACQUISES, ET QU'IL NE SEROIT FAIT AUCUN CHANGEMENT DANS LA FORME DES TRIBUNAUX ÉTABLIS SOUS LE GOUVERNEMENT ANGLOIS.

---

(1) Dans l'intervalle de six mois, trois mémoires ont été remis aux ministres : quatre lettres, renfermant toutes des détails très-importants, leur ont été adressées : toujours les exposans ont réclamé contre la commission ; toujours, ils ont invoqué les loix de leur pays qui auroient dû en empêcher l'établissement et qui en sollicitoient la destruction

On n'a jamais voulu accueillir cette demande, dont la justice étoit écrite dans le code de la raison.

On

On a cependant, enlevé aux exposans et leurs propriétés, et leurs tribunaux.

Leurs propriétés, en réduisant et en confisquant des créances légitimes, en séquestrant leurs terres, en les réunissant au domaine.

Leurs tribunaux, en détruisant ou changeant ceux qui existoient, et en élevant sur leurs ruines des commissions purement arbitraires, inconnues en Angleterre et dans tous les pays qui sont soumis à des loix fixes et immuables.

On a donc surpris, d'une maniere indigne du nom François, sa majesté très-chrétienne, en lui faisant faire, en 1786, absolument le contraire de ce qu'elle avoit promis à l'Europe entiere et à l'Angleterre en particulier, dans les années 1781 et 1783.

Cette infraction a sa promesse royale mérite toute la vigilance des représentans de la nation, qui ne peuvent pas permettre que le chef suprême des François ait donné une parole publique que l'intrigue et l'ambition ministérielle sont parvenues à lui faire oublier.

Par-là encore, le ministre François a porté atteinte aux droits des nations.

La France avoit promis à l'Angleterre que ses loix seroient conservées, que les propriétés de ses habitans seroient maintenues.
Et les loix Angloises ont été mises de côté.
Et les propriétés ont été foulées aux pieds.

Les nations se doivent à elles-mêmes de ne jamais s'écarter des obligations qu'elles ont contractées, comme corps politiques ; elles doivent être plus séveres que les individus sur l'exécution de leurs engagemens, puisque c'est leur obéissance aux loix qui fait naître l'obéissance particuliere, et que les rapports entre chaque citoyen de deux nations dépendent absolument du respect que les nations ont elles-mêmes pour les engagemens qu'elles ont consentis.

C'est à une nation assemblée, et surtout à une nation libre, qu'il appartient de maintenir les conventions faites entre elle et une autre nation également libre.

C'est même à elle seule a connoître des atteintes qui ont été portées à un droit dont elle est dépositaire et conservatrice. (1).

---

(1) C'est comme législateur que S. M. très-chrétienne a établi une commission à Tabago. C'est au législateur à casser cette commission si elle est contraire aux loix. C'est donc à l'assemblée nationale à connoître de la demande des exposans, puisqu'elle a éminemment le pouvoir législatif.

Ainsi donc, dès qu'il est constant que la nation Angloise représentée par les exposans et soutenue par le ministre de sa majesté Britannique, a souffert de l'infraction aux loix que les deux nations s'étoient imposées, elle doit obtenir satisfaction de la part de la nation qui a blessé ses droits.

Cette grande considération de droit public, ne sera pas affoiblie par l'observation qui a déja été faite aux exposans, que l'on n'avoit jugé que des questions d'usure, et que les loix Angloises interdisoient l'usure sous les peines les plus séveres.

Il n'y a pas d'usure dans les contrats des exposans.

Par les loix des Colonies, ils avoient le droit d'exiger un intérêt de 8 pour cent.

Ils n'ont jamais été au-delà.

On voit au contraire que le taux de l'intérêt, dans la plupart des contrats, n'excede pas 6 pour cent.

Par les loix de l'Angleterre, ils pouvoient demander l'intérêt de l'intérêt en réglant leurs comptes, parce que cet intérêt premier devenoit alors un capital.
Et ils ont joui de ce droit accordé par la loi (1).

Mais ce n'est pas en ce sens qu'il faut invoquer les loix Angloises.

Les exposans disent que la commission en elle-même est contraire à ces loix.

Si la commission, comme tribunal, est prohibée par les loix de la Grande-Bretagne, nul doute qu'en la créant on ne soit contrevenu, et au traité de paix, et à la capitulation, et à tous les actes que nous avons rappellé, d'après lesquels sa majesté très-chrétienne avoit pris l'engagement formel de conserver les loix Angloises.

Or il est bien constant que les loix Angloises ne permettent dans aucun cas l'établissement de tribunaux extraordinaires, à moins qu'ils ne soient créés par un acte du parlement.

C'est un point de droit tellement établi en Angleterre (1) que pour le contester, il faudroit n'avoir aucune connoissance des loix de la Grande-Bretagne, ni des usages judiciaires de ce peuple.

Chez cette nation, et dans toutes ses colonies, il existe des tribunaux pour tous les délits et pour toutes les affaires civiles.

---

(1) Vid. pieces justificatives, n°. 2.
(2) V. l'abrégé des loix par Bacon L. C. titre COURTS.

Comme ces tribunaux sont établis par la loi, on juge sans peine qu'on en suit religieusement la jurisdiction, dans un pays où la loi est le devoir de tous.

Aussi ne pourroit-on pas citer l'exemple d'un seul tribunal de commission établi en Angleterre et dans ses colonies, pour décider des affaires qui trouvoient des juges dans ceux que la loi avoit institués.

Ceci posé, si les débiteurs de Tabago avoient à réclamer contre quelques-uns des contrats passés avec eux, les loix leur indiquoient le tribunal qui se trouvoit saisi par elles de la connoissance de leur réclamation.

Là, ils eussent été entendus, et jugés d'après l'autorité des loix qu'ils auroient invoqué.

Là, aussi les créanciers auroient fait valoir les moyens de défenses, que pouvoient leur offrir ces mêmes loix, contre les prétentions de leurs débiteurs. En un mot, des tribunaux de la loi auroient jugé d'après le texte de la loi, et il n'y eût eu rien d'arbitraire dans les jugemens.

C'est ici qu'il faut dire que cette commission, dont le nom seul est un blasphême, dont l'institution choque tous les principes moraux, a sapé les loix Angloises jusques dans leurs fondemens par le mode d'exécution qu'elle a établi.

En Angleterre, par exemple, aucun fait d'usure ne peut être déterminé que par-devant des jurés, et c'est d'après LEURS VRAIS DIRES que les tribunaux prononcent.

Cette formalité est de rigueur comme toutes les formalités judiciaires établies par les loix Britanniques.

Il ne peut pas y avoir de jugemens sans jurés.

L'arrêt qui a établi la commission n'a point parlé de jurés, et jamais leur intervention n'a eu lieu, dans aucuns des jugemens que cette commission a rendu.

Cette omission qui compromet l'autorité d'une loi vivante, d'une loi constitutionelle, annulle seule l'établissement.

D'un autre côté, les exposans auroient présenté devant leurs tribunaux des moyens pris dans leur loix, qui tous auroient fait tomber les réclamations sur l'usure, s'il y en eût eu, et ils n'ont pu donner ces moyens à la commission.

En Angleterre, on ne peut exercer aucune poursuite judiciaire qui puisse entraîner une condamnation PECUNAIRE PÉNALE, lorsque le fait qui donne lieu à la poursuite, est passé depuis un an. Vid. Act. 31, Eliz. C. 5.

Dans l'espèce, ce temps étoit bien plus qu'écoulé : les titres de tous les exposans étoient beaucoup plus anciens, et ils peuvent assurer qu'aucun d'eux, ne se trouvoit renfermé dans ce laps d'une année que la justice a soumis à ses recherches ; les débiteurs n'avoient donc plus d'action, les tribunaux ne pouvoient plus intervenir dans les contrats pour réclamer contre l'usure.

Toute demande sur ce point étoit prescrite.

A la commission, les exposans n'ont pas pû faire valoir cette importante considération, puisque l'arrêt a exigé d'une maniere impérieuse la production de leurs titres, sans leur permetre d'exception préalable, sans leur laisser le droit d'élever la voix, pour soutenir la validité de ces titres, sans qu'il leur ait été possible d'invoquer les loix qui les dispensoient de cette production honteuse.

L'arrêt qui établit la commission est encore contraire aux loix angloises en ce qu'il soumet aux recherches de ce tribunal factice l'examen des contrats sur lesquels les tribunaux anglois n'auroient jamais eu à prononcer puisqu'aucune des parties ne se plaignoit.

Dans les actions civiles, en Angleterre il ne peut jamais exister de procès que lorsque les parties intéressées ont elles-mêmes recours aux tribunaux.

Si elles gardent le silence, la loi pense qu'elles sont satisfaites des engagemens qu'elles ont mutuellement contractés et la loi reste muette.

Jamais, ni le roi ni le ministère public, ne peuvent scrutter des engagemens particuliers, ni se servir des armes de la loi pour les appliquer à ces contrats privés, à moins qu'il n'y ait une action judiciaire, formée par ceux que ces contrats intéressent.

On pense en Angleterre que l'intérêt particulier se suffit à lui-même pour se défendre, et qu'il n'a pas besoin de surveillant public.

Cette maxime élémentaire a été repoussée par l'arret du 29 Juillet 1786.

Aucun des habitans de Tabago ne se plaignoit des contrats passés avec les créanciers ; aucune demande judiciaire n'avoit été portée de leur part devant les tribunaux.

C'est la volonté seule de sa Majesté très-chrétienne, ou plûtôt, c'est la volonté de son ministre qui a fait l'arrêt.

C'est ensuite le caprice des administrateurs de Tabago qui a déterminé les deux cent procès que la commission et le tribunal du gouvernement ont jugés.

Pourroit-on

Pourroit-on douter d'apres cela, du mé pris quel'on a fait des loix angloises, en créant cette commission et en établissant le régime qu'elle devoit suivre.

Ne voit-on pas que l'on a réduit les exposans à l'impossibilité de se défendre, que! pour ravager avec plus d'impunité des propriétés immenses, que la loi ordonnoit de respecter.

Mais cette démonstration ne suffit pas au dévelopement de leurs droits.

Il leur est bien doux de venir dire aux représentans de la France, que cette commission si opposée à l'esprit des loix angloises étoit proscrite, lorsqu'elle a été formée, par toutes les loix qui éxistoient en France.

Ainsi cette commission n'est donc que le calcul de l'intéret privé.

Ainsi elle n'a été qu'une arme du despotisme, avec laquelle on vouloit immoler des victimes, dociles et innocentes.

Continuons :

Dans tous les temps, à toutes les époques, les commissions extraordinaires ont été repoussées en France, comme un attentat à l'ordre public.

« Voulons et ordonnons, dit l'ordonnance du roi Jean de l'an 1355, que « toutes jurisdictions soient laissées aux juges ordinaires, sans que « nos sujets soient dorénavent traits, adjournés ni autrement travaillés par- « devant nos maîtres d'hôtel, maîtres des requêtes, etc. ».

« Nous qui desirons que chacun use de son droit et jurisdiction, disoit » le roi Charles VI dans son ordonnance de 14.8 ordonnons que toutes » jurisdictions soient laissées aux juges ordinaires et a chacun singulière- » ment en sa jurisdiction ».

Les réclamations des états se joignirent souvent aux ordonnances des rois.

C'est au sujet des commissions extraordinaires, que les états de Tours demandoient à Charles VIII qu'aucunes évocations ne fussent faites et que les causes évoquées fussent renvoyées.

C'est encore relativement aux mêmes commissions extraordinaires que les états d'Orléans supplioient Charles IX, DE CASSER, REVOQUER TOUTES LES EVOCATIONS, DÉLEGATIONS ET JUGES EXTRAORDINAIRES COMME CONTRAIRES A L'ORDRE ETABLI DANS SES JUSTICES, ET DE TOUT TEMPS GARDÉ, DONT N'ADVIENT QUE FOULE ET OPPRESSION DU REPOS PUBLIC.

« Nous défendons au garde des sceaux (a dit Francois I,) dans l'ordon- « nance de 1539 de ne bailler lettres pour oter la connoissance des matières

« de leurs jurisdictions ordinaires et les évoquer et commettre à d'autres ; et « si lesdites lettres étoient autrement baillées, défendons à tous nos juges « de n'y avoir point de regard. »

Henri IV, en 1597, et Louis XIV en 1648 ont ordonné l'éxécution de ces loix.

Les mémes motifs qui les ont déterminés ont encore dicté le titre prémier de l'ordonnance du mois d'août 1667, et celle du mois d'août 1737 sur les évocations.

Les exposans savent que ces loix sont toujours les loix de la France et que souvent les cours qui représentoient le peuple, avant l'assemblée nationale, ont porté leurs plaintes au monarque dont le ministre avait trompé la sagesse, en lui faisant signer des actes de son conseil, portant établissement de commissions volontaires et déspotiques.

Si les exposans après avoir démontré que les loix des deux peuples interdisoient, sous tous les points de vue possibles, l'institution de la commission de Tabago, si les exposans, disons-nous, descendent un moment dans le cercle des abus que les commissaires ont commis, (1) combien n'y voient-ils pas de délits publics, contraires aux droits de toutes les nations et bien plus contraires encore à la loyauté et à la générosité Françoises.

Nous n'en citerons que quelques exemples.

Les débiteurs de Tabago, que cette commission sembloit avoir pour objet de protéger, ne voulurent point de ses secours que l'on ne pouvoit recevoir qu'en manquant de probité et de bonne-foi.

Le sieur Balfour, l'un d'eux avoit présenté sa requête à la commission, pour lui annoncer que toutes ses dettes étant légitimes et sinceres, il ne croyoit pas devoir produire les titres de ses créanciers qui, au tribunal de sa conscience, étoient tous obligatoires pour lui.

On mande aussi-tôt le sieur Balfour ; on l'interpelle durement sur les motifs de cette requête, on l'a fait déchirer devant lui par l'huissier de la commission et, en posture de suppliant, on lui fait des défenses séveres d'en présenter de semblables à l'avenir : on le menace, s'il recidive, d'une amende de 15000 liv.

---

(1) Les exposans donnent dans les pieces justificatives, n°. 3, quelques exemples des persécutions dont la commission et les administrateurs se sont rendus coupables envers eux : les pieces qui se trouvent dans les bureaux de la marine, renferment d'autres preuves : l'assemblée nationale est supplié de se faire remettre ces pieces.

On conçoit qu'après une pareille violence, on fit taire la bonne-foi des autres débiteurs, qui presque tous se disposoient a rendre le même hommage à la sincérité des engagemens qu'ils avoient contracté.

La confiscation qui ne pouvoit jamais être qu'une peine comminatoire, fut exécutée avec la plus grande rigueur.

Ainsi on a vu plusieurs créanciers qui, après une réduction de leurs créances à la moitié du contrat primitif, ont été privés de l'autre moitié par cette confiscation si facile à encourir, et qu'il étoit si inhumain de prononcer.

On avoit annoncé que cette commission que l'on offroit, comme un acte de bienfaisance, n'entraineroit aucuns frais, et cependant pour obéir à ses décrets, pour completter la production de tous les titres, pour le travail des vérifications, en un mot pour toutes les dépenses a faire il en a coûté plus d'un million de livres.

Ces frais D'EXPERTAGE que les créanciers et les débiteurs vouloient eux-mêmes éviter, en ne nommant qu'un seul expert pour une affaire, ont été impitoyablement exigés; et les créanciers déja ruinés se sont vus forcés de payer, de leurs deniers, l'acte même de la tyrannie avec lequel on les immoloit.

Des excès d'un autre genre ont été commis par les administrateurs, comme chefs du tribunal de gouvernement te de la cour de chancellerie.

Partout la volonté de l'homme a été mise à la place de l'autorité de la loi.

Les formes ont été méprisées.

Sans délai, sans assignation préalable, on a prononcé sur les intérêts les plus précieux, sur les propriétés les plus importantes, et ces jugemens du caprice ont été exécutés avec la ponctualité la plus rigide, et malgré l'appel qu'on en interjettoit.

C'est ainsi qu'en enchaînant la bonne foi des habitans de Tabago, on les a forcés de céder aux volontés despotiques des administrateurs de l'île.

C'est ainsi que ces tribunaux n'ont pas rougi d'ordonner, sous des amendes séveres, la violation de secrets respectés jusqu'alors, chez toutes les nations policées et commerçantes.

C'est ainsi qu'ils ont nécessité la production de comptes, clos et arrêtés entre majeurs de bonne foi, même entre proches parens.

C'est ainsi qu'ils ont livré à une inquisition aussi absurde que dangereuse, des engagemens pris et consommés sous le sceau des loix.

C'est ainsi, enfin, qu'ils ont invité la mauvaise foi à se montrer, et qu'ils ont cherché à ébranler tous les liens politiques, que le but des bonnes loix est d'entretenir.

Et quels douloureux effets on a déja vu résulter de cette tyrannie administrationnelle? Les habitans de la colonie, fatigués d'autant d'actes d'oppression, anneantis par la présence journaliere de tant d'injustices, ont abandonné une isle où l'on ne pouvoit vivre qu'infortuné; le dernier recensement prouve que le nombre des colons s'est diminué de plus de moitié, depuis la cession de l'isle à la France, et que la récolte des cotons qui montoit en 1783 à 2,500,000 livres pesant a été réduite en 1789, époque du départ de M. de Dillon à un milion cent mille livres.

Ainsi donc les exactions de ces agens de l'autorité, beaucoup plus despotes que cette autorité elle-même, ont fait disparoître avec eux la prospérité de l'isle et n'y ont fait rester que les chagrins et le désespoir; semblables à ces anciens Vandales, qui, traînant toujours à leur suite les calamités de la guerre, ne se montroient jamais dans un pays que pour y apporter la famine et y répandre le sang.

Qu'il soit permis aux exposans avant de finir, de vous observer, messieurs, qu'ils sont accoutumés à vivre sous des loix claires, précises, toujours uniformes, et toujours exécutées.

A côté de cette législation fixe, ils sont forcés de placer aujourd'hui des loix du hazard, enfantées par l'ambition, contraires aux droits des gens et opposées au systême de l'équité naturelle.

Vous devez sentir, messieurs, quelle conséquence fâcheuse il en résulteroit pour la France commerçante et libre, si les autres nations de l'Europe pouvoient penser que l'assemblée nationale Françoise, put jamais approuver ou même livrer au silence, des principes aussi inconstitutionnels et des tribunaux si évidemment dérogatoires à la foi publique.

Déja, malgré la modération des exposans, malgré les ménagemens qu'ils ont pris pour faire arriver dans le secret leurs réclamation auprès des ministres François, leur situation malheureuse a transpiré dans le public, et en y repandant l'allarme, elle y a produit une défiance fâcheuse que le caractère François, et les sentimens énergiques que la nation a déployés, ne semblent plus devoir permettre.

Mais à côté de cette inquiétude un espoir heureux tranquillise les exposans. L'assemblée nationale donnant tout à la justice, consolidera les droits de deux nations faites pour s'aimer toujours, et en remettant aux exposans dés propriétés qu'on leur a enlevées, sous le masque des loix, elle apprendra à l'Europe entiere qu'une nation vraiment libre est toujours une nation juste, et qu'on n'invoque jamais envain les secours de sa puissance.

W. TOD
GILBERT FRANCKLYN } Députés des créanciers anglois des habitans de l'isle de Tabago.

De l'Imprimerie de J. L. Bornicke, rue d'Anjou Dauphine.

CONCLUSIONS.

D'aprés les faits et les principes développés dans ce mémoire, les exposans supplient l'assemblée nationale,

De déclarer : 1°. Que la commission établie à Tabago par arrêt du conseil du 29 juillet 1786, est nulle et attentatoire aux droits des nations, contraire au traité de paix du 3 Septembre 1783, ainsi qu'aux loix de la Grande-Bretagne et aux loix françoises, et que tous les jugemens qu'elle a rendu sont nuls et de nul effet.

2°. De déclarer également nul et illégal le tribunal du gouvernement, et tous les jugemens qu'il a rendus.

3°. D'autoriser les exposans à prendre à partie le sieur de Saint-Laurent, comme le principal auteur des vexations qu'ils ont éprouvé, ainsi que tous ceux que l'on prouvera y avoir coopéré ou avec lui ou séparement.

PIECES JUSTIFICATIVES.

N°. 1.

Extrait d'un discours prononcé par M. *de Saint-Laurent , le* 18 *mars* 1790, *enregistré au greffe de la commission.*

SI je pouvois ne me considérer qu'en qualité de juge de la commission, je me soumettrois sans réserve, à la décision prononcée par deux de mes collégues contre la mienne; mais je suis L'AUTEUR DU PROJET DE LA COMMISSION DE TABAGO, CHARGÉ DIRECTEMENT PAR M. LE MARÉCHAL DE CASTRIES, DE VEILLER A L'EXÉCUTION DE MON PROJET, devant être vraisemblablement chargé par M. le comte de la Luzerne, de réfuter les réclamations qui seront faites contre mes jugements; je suis dans l'obligation d'empêcher de tout mon pouvoir que l'on ne puisse porter des plaintes fondées contre nos décisions; et telle que puissent avoir été les opinions de chacun des membres de la cour, je serai toujours AUX YEUX DE MA NATION, COMME A CEUX D'ANGLETERRE ET PEUT-ÊTRE DE L'EUROPE ENTIERE, le seul qui répondra des jugemens de la commission, soit comme auteur du projet, soit comme ayant été chargé d'en surveiller l'exécution, soit enfin comme un homme qui jouit chez plusieurs nations de la réputation d'un JURIS-CONSULTE, ou plutôt de celle D'UN LÉGISLATEUR.

Les quatre premiers jugemens que rendit la commission, furent entierement rédigés par moi, et servirent de modeles aux autres, que rédigerent MM. de Chancel et Couturier, commissaires.

N°. 2.

Recueil des cas en équité, abrégés, tom. 2, p. 524.

L'intérêt devient principal dès qu'un compte est arrêté : 28 feb. 1707. Kelley, v. Ld. Bellew, 14 vin. ab. 457, pl. 4.

Les comptes arrêtés portent d'eux memes intéret, surtout en fait de mortgage : 25 juin 1715. Basil, v. Acheson, 14 vin. abr. 457, pl. 7.

On accorde l'intérêt pour la balance annuelle d'un compte qui se renouvele pag. 532 --- 1 mai 1726. Ashton, v. Smith, 14 vin. abr. 458, pl. 14.

Les dettes établies par des sentences, portent l'intérêt : 28 avril 1726. Parker, v. Hutcheson, 14 vin. abr. 458, pl. 15.

Le demandeur étoit propriétaire d'un vaisseau : le maître qui n'avoit point d'autorité de le vendre, le vendit avec la cargaison dans les Indes a l'agent de la compagnie des Indes. Il y avoit des preuves de supercherie de la part du maître et de celle de l'agent : mais quoique l'achat en fut fait pour le service et l'avantage de la compagnie, elle ne paroissoit pas avoir eu connoissance de la convention. Le demandeur intenta un procès à la cour de chancellerie, et demanda que la compagnie rendit compte du vaisseau et de la cargaison, lesquels dans le temps où ils étoient vendus, suivant le vrai dire d'un juré, à qui le chancellier ordonna l'examen, valoient 3600 liv. La valeur ainsi établie, au moment ou le chancellier alloit prononcer, le demandeur insista sur ce qu'il avoit le droit d'en exiger l'intérêt Indien, environ 12 pour cent. Le défendeur prétendit que le vaisseau et sa cargaison étoient d'une valeur incertaine lorsqu'ils étoient vendus, et conséquemment que la cour ne devoit accorder l'intérêt que du jour où la valeur avoit été réglée par les jurés, que le demandeur, ayant laissé sa cause suspendue pendant 15 ans, ce seroit une injustice de lui accorder l'intérêt Indien, puisqu'il se trouveroit être en bénéfice de plus d'un double intérêt par son propre délai : le chancelier condamna la compagnie à payer l'intérêt Indien, et ordonna au maître de s'informer, ce qu'étoit l'intérêt dans les Indes pendant tout le temps et quels pouvoient être les frais indispensables pour faire passer l'argent des Indes en Angleterre et donc de passer en compte l'intérêt Indien, se réservant seulement les frais de la remise, puisque la somme devoit être payée en Angleterre, pag. 533. Hilaire, 1717. Ekins, v. comp. des Indes, 1, Will. Rep. 393.

Les demandeurs, syndics des créanciers des sieurs Samuel et Jean Cotton, négocians en faillite formerent une demande pour n'être pas obligés de payer le montant de plusieurs bons ou obligations qui s'élevoient à la somme de 5900 liv. 13 sous 4 deniers lesquels avoient été passés en faveur du chevalier Dashwood ; ils demandoient même qu'on leur remboursât 6000 liv. qu'ils prétendoient avoir été payées par le failli au-delà de ce qu'il devoit par le paiement qui avoit été fait au chevalier, de 10 pour cent par an, depuis 1710 jusqu'en 1724, et comme il étoit évident dans les plaidoiries que les obligations étoient originairement passées à 6 pour cent, et que les intérêts avoient été depuis augmentés jusqu'à 10, et payés à ce taux pour plusieurs années; (1) le chevalier Jekyl, maître des archives, décréta qu'on prenoit compte de tout ce qui avoit été payé pour intéret, et que ce qui avoit été payé plus que l'intérêt légal seroit regardé comme payé en déduction du principal, que si les défendeurs avoient été payés plus que le principal et intérêts légaux, ils rendroient le surplus et si au contraire, ils n'avoient pas reçu tout ce qui leur étoit dû pour principal et intérêts, les demandeurs étoient tenus de les payer, et qu'après le payement, les bons leur seroient rendus.

Mich. 8. gev. 2. Bosanquet et autres cont.; les exécuteurs testamentaires du chev. Dashwood, M. S. Rep. 2, eq. ca. al. 534.

(1) Il faut observer que prendre 10 pour cent quand l'obligation ne porte que 6 après l'acte du parlement de 1713, c'étoit une usure, mais qu'il n'y avoit point de peine attachée; on a seulement imputé l'excédent de l'intéret sur le principal.

N°. 3.

EXEMPLE PREMIER.

Le sieur Lascelles autrefois membre de la chambre des communes pour la province d'York et actuellement pair de la Grande Brétagne, était créan-de Gedney Clarke. En 1772 les comptes des parties furent arrêtés et reglés à l'amiable : le sieur Clarke consentit que le sieur Lascelles obtint des sentonces; il lui passa même contrat d'hypotheque pour sûreté de sa créance. En 1787, cette créance montoit, y compris l'intérêt de 5 pour cent, à trois millions et demi, argent des colonies.

On observe que les habitations de Clarke, à Tabago, ne vallent pas la moitié de cette somme.

Dans le compte réglé en 1772, il se trouvoit une somme de 39 liv. sterlings d'intérêt.

Pour avoir confondu cet intérêt avec le capital et l'avoir compris dans le contrat d'hypotheque, les juges de la commission ont déclaré la créance entiere usuraire: en conséquence tous les intérêts même ceux des capitaux originaires ont été mis de côté, et la créance a été réduite à 41,517 liv. 16 s. 2d. sterl. laquelle somme a été ensuite confisquée au profit du roi, faute de production des comptes, et le sieur Lascelles a été condamné aux dépens, qui se sont trouvés réglés à 29,162 liv. 4 sous. argent des colonies.

Vingt-neuf mille cent soixante-deux liv. pour le travail des experts sur un compte qui n'étoit point contesté; quel abus de l'autorité !

Quelle odieuse condamnation aussi, que celle qui prive un citoyen d'une propriété de trois millions et demi pour un intérêt de 39 liv. sterlings, qui avoit été confondu avec le capital et qui n'a jamais été payé.

EXEMPLE SECOND.

Le sieur Pierre Francklyn avoit obtenu, en 1775, à la cour des plaids communs de Tabago une sentence qui condamnoit un de ses débiteurs à lui payer la somme de 65,876 liv.

Le sieur Pierre Francklyn ne mit plus aucun intérêt aux titres primitifs qui devenoient inutiles, la sentence étant un titre plus authentique que les premiers; cette sentence obtenue, les pieces s'égarerent,

Cependant la commission exigea que le sieur G. Francklyn fondé de pouvoirs du sieur P. Francklyn son frère produisit les titres originaux.

Faute par lui de le faire, on confisqua la créance entière au profit du roi et le débiteur fut condamné aux dépens qu'on liquida à la somme de 1400 liv. ou environ.

Le débiteur et le créancier étoient absolument d'accord sur la légitimité de la dette : il n'y avoit rien à juger.

Nous pourrions multiplier les citations.

On verroit partout les mêmes erreurs, la même injustice.

C'est pour ne pas fatiguer leurs lecteurs que les exposans s'arretent là.

Ils sont prets à donner tous les détails que l'on desirera.

www.ingramcontent.com/pod-product-compliance
Lightning Source LLC
LaVergne TN
LVHW050508160826
845677LV00003B/1015

* 9 7 8 2 3 2 9 6 4 2 8 4 0 *